Género Ficción realista

Pregunta esencial
¿Cuáles son las diferencias entre los niños del mundo?

UNA VIDA NUEVA EN LA INDIA

Christopher Herrera
ilustrado por Laura Freeman

CAPÍTULO 1

Conocer la India

Mario Klein y su familia se mudan de Estados Unidos a la India. Viajan en carro desde el aeropuerto hasta su nuevo hogar. Mario está rodeado de asombrosas vistas. Hay mucho tránsito. Carros, camiones, motos, bicicletas y cochecitos de dos ruedas llamados *rickshaws* llenan las calles.

—¡Nunca vi tanto tránsito! —exclama Mario.

El Sr. y la Sra. Klein tienen amigos en la India. El día siguiente, visitan su casa. La familia Gupta tiene dos hijos. Raj está en quinto grado. Dev tiene la misma edad que Mario. Irán juntos a segundo grado.

A Mario le interesa un día especial llamado Día del Espíritu Escolar. Está ansioso por preguntarle a Dev sobre eso.

Las familias asisten a un partido de críquet. El críquet es el deporte favorito de la India. Dev y Mario observan a los jugadores moverse por la cancha.

—¡Mario, el críquet te va a encantar! Se parece al béisbol. Juega un equipo contra otro —dice Dev—. Uno batea y otro intercepta y devuelve la pelota. Cuando un jugador batea, corre entre dos áreas llamadas *wickets*. Si el contrario atrapa la pelota, el bateador queda eliminado. Tras diez eliminaciones, los equipos cambian los roles.

Después del partido de críquet, las familias cenan juntas. La Sra. Gupta hace cordero al curry. También prepara un plato de espinaca y queso, *saag paneer*, y *roti*. El *roti* es un pan chato y tibio. A Mario le gusta la comida. Tiene muchas especias. Está llena de sabores distintos.

CAPÍTULO 2

La escuela

El día siguiente, Mario camina hasta la casa de los Gupta. Lleva puesto un uniforme blanco, igual que Raj y Dev. Un chofer los lleva hasta su escuela privada.

Después de las clases matutinas, Dev y Mario van a la cafetería y comen los sándwiches que trajeron de casa. Dev describe el Día del Espíritu Escolar:

—¡Qué bueno! ¡Mañana es el Día del Espíritu Escolar! Nuestra clase representará una obra de teatro. Habrá cosas sabrosas para comer. Al final del día, ¡se entregarán premios!

—Suena divertido. Me pregunto si participaré en la obra —dice Mario.

Detective del lenguaje

Halla la frase subrayada. ¿Puedes escribirla en pretérito?

Luego, Mario y Dev van a clase de estudios sociales. Aprenden que la India se independizó de Gran Bretaña el 15 de agosto de 1947.

La clase comenta cómo se celebra el Día de la Independencia.

—Hay desfiles y nos dan dulces —dice Dev—. Mi familia sale de pícnic. ¡A la noche, hay fuegos artificiales! ¡Tal vez este año puedas celebrar con nosotros! —agrega Dev, dirigiéndose a Mario.

Mario cuenta a la clase sobre el Día de la Independencia de Estados Unidos.

—Estados Unidos también se independizó de Gran Bretaña. Fue el 4 de julio de 1776. Cada año, celebramos el 4 de julio. También se hacen desfiles y pícnics. Por la noche, hay fuegos artificiales. Son como flores brillantes en el cielo.

Detective del lenguaje ¿Puedes hallar el verbo ser en pretérito en esta página?

CAPÍTULO 3

Después de clase

Después de clase, Mario va con Dev a una lección de música. Dev estudia la *tabla*, un tambor doble. Le muestra cómo se toca.

—Uso los dedos y las palmas de las manos. Toco un tambor con la mano derecha y el otro con la izquierda. —Dev le da la *tabla* a Mario—. Toma, ¡inténtalo!

Tras la clase de *tabla*, los niños van a ver a Raj, que practica una danza india especial. Se llama *dandiya raas*. Al igual que los otros niños, Raj viste un traje colorido y elaborado. Los niños forman círculos que se mueven en distintas direcciones. Los bailarines sostienen varas coloridas. Las golpean al ritmo de la música. Se mueven haciendo giros.

CAPÍTULO 4

Día del Espíritu Escolar

¡Por fin es el Día del Espíritu Escolar! Todos están contentos. La clase de Mario representará una obra de teatro. Tanto él como Dev tienen un papel. Se preguntan qué disfraces vestirán.

—¡No veo la hora de interpretar mis líneas sobre el escenario! —exclama Mario.

Algunos niños recibirán premios este día. Los premios serán para los niños que tengan buenas calificaciones en las clases. También para quienes hayan tenido éxito en los deportes.

—Tal vez los dos ganemos un premio —dice Dev—. ¿No sería emocionante?

Mario se está adaptando a su nuevo hogar. Tiene excelentes amigos y una nueva escuela. Ya aprendió muchas costumbres nuevas.

—¡Adoro este lugar! ¡Me siento el niño con más suerte del mundo! —exclama.

Respuesta a la lectura

Resumir

Usa detalles para resumir *Una vida nueva en la India.*

	India	EE. UU.
festividad		
costumbre		

Evidencia en el texto

1. ¿Por qué *Una vida nueva en la India* es ficción realista? **Género**
2. ¿En qué se parecen y en qué se diferencian los personajes principales? **Comparar y contrastar**
3. Usa lo que sabes sobre símiles para hallar un símil para *fuegos artificiales* en la página 10. **Símiles**
4. Escribe sobre el nuevo hogar de Mario. Usa detalles. **Escribir sobre la lectura**

Género Texto expositivo

Compara los textos

¿Qué nos dicen *Una vida nueva en la India* y *Vestimentas del mundo* sobre las costumbres?

Vestimentas del mundo

En la India, algunas mujeres usan saris. Algunas los usan en todo momento; otras, solo en ocasiones especiales.

El sari es una larga tira de tela. Se coloca alrededor del cuerpo de diferentes modos. Es común usarlo formando pliegues sobre el hombro.

Los saris suelen tener estampados coloridos.

En Japón, algunas mujeres y hombres visten kimonos. Por lo general, los usan en ocasiones especiales.

El kimono es una larga túnica cuadrada que envuelve el cuerpo de izquierda a derecha. Se ata con una faja llamada *obi*.

Los kimonos suelen ser de seda.

La *kanga* es un traje de África oriental, usado por mujeres y algunos hombres. Es un trozo de tela largo con estampados coloridos. Se lleva envuelto alrededor del cuerpo.

La *kanga* suele tener una parte central con un estampado distinto.

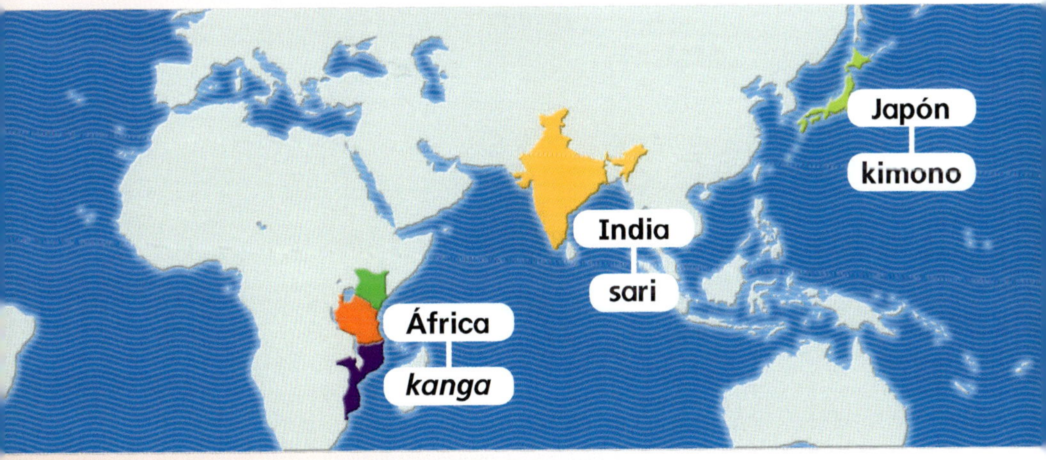

¿? Haz conexiones

¿Qué tipos de vestimenta usan los niños de todo el mundo? **Pregunta esencial**

Vuelve a leer ambas selecciones. ¿Qué aprendiste sobre la India? **El texto y otros textos**

Enfoque:
Elementos literarios

Personajes Los personajes son las personas que aparecen en un cuento.

Lee y descubre Conoces a los personajes a partir de lo que hacen, los lugares que visitan y lo que les sucede. Observa lo que dicen y hacen los personajes de *Una vida nueva en la India*. Aprende más sobre Dev y Mario observando las ilustraciones.

Tu turno

Piensa en dos personajes que vivan en otro país y piensa en cómo es cada personaje. Planifica un cuento sobre ellos. Planifica sus acciones. Luego, escribe tu cuento. Muestra en qué se parecen y en qué se diferencian tus personajes.